REGIAE FRIDERICO-ALEXANDRINAE

LITERARUM · UNIVERSITATIS

PRORECTOR

D. IWANUS MUELLER

LITT. GRAEC. ET LAT. PROFESSOR PUBLICUS ORDINARIUS

CUM

PROCANCELLARIO

RELIQUOQUE SENATU ACADEMICO

SUCCESSOREM SUUM

CIVIBUS ACADEMICIS

COMMENDAT.

GALENI LIBELLUM

ΠΕΡΙ ΕΘΩΝ

RECENSUIT

IWANUS MUELLER.

ERLANGAE.

TYPIS JUNGE ET FILII.

MDCCCLXXIX.

In the interest of creating a more extensive selection of rare historical book reprints, we have chosen to reproduce this title even though it may possibly have occasional imperfections such as missing and blurred pages, missing text, poor pictures, markings, dark backgrounds and other reproduction issues beyond our control. Because this work is culturally important, we have made it available as a part of our commitment to protecting, preserving and promoting the world's literature. Thank you for your understanding.

Galenus libello, quem περὶ ἐθῶν inscripsit, de variis generibus consuetudinis hominum non in universum sed ita disserit, ut et doceat, quam diligenter medicis in curationibus morborum observanda sit ea, quam aegroti, priusquam morbo correpti sint, adsciverint, vitae consuetudo, et, id quod etiam principes medicorum Hippocrates et Erasistratus omiserint, causam, cur tanta vis ei tribuenda sit, inquirere et investigare studeat. Ipse de libelli consilio in Comment. in Hippocr. Aphorism. II, 50 (t. XVII B p. 554 sqq. ed. Kuehn.) cum alia tum haec scribit (l. l. p. 555, 5): ἡ μὲν οὖν αἰτία καθ᾽ ἕκαστον τῶν συνήθων ἐν τῷ περὶ ἔθους (l. ἐθῶν) λέγεται γράμματι, τὸ δ᾽ ἐκ τῆς πείρας ἐγνωσμένον ἤδη γινώσκομεν, ὃ μόνον ἔγραψεν ὁ Ἱπποκράτης οὐκ ἀξιώσας προσγράψαι τὴν αἰτίαν· ἀλλ᾽ ἡμεῖς καὶ πρὸς τὴν αὐτῆς εὕρεσιν ἀφορμάς τινας δεδώκαμεν.

Librum Graece primum edidit Fridericus Reinholdus Dietz, professor medicinae olim Regiomontanus, ex uno qui exstat codice Laurentiano LXXV, 7 saec. XIV; vid. Galeni de dissectione musculorum et de consuetudine libri. Ad fidem codicum manuscriptorum alterum secundum, primum alterum Graece ed. F. R. Dietz, Lipsiae 1832 p. 106 sqq. Hac re ut bene meritus est, ita non pauca reliquit emendanda ac corrigenda, praesertim cum neque Graeci codicis lectiones omnibus locis recte enotaverit neque eorum codicum, quibus Latina Nicolai Rhegini continetur interpretatio, inspexerit ullum. Qua de causa libelli post Dietzii curas neglecti novam adornare editionem haud inutile duximus. Sunt autem subsidia, quibus in hac recensione usi sumus, fere haec:

1) Cod. Graec. Laur. LXVII, 7 (F), quem denuo in usum meum contulit accuratissime Helmreichius meus;
2) Codd. Lat. Caesenates duo, plut. XXVI cod. 4 et plut. V cod. 4, uterque saec. XIV; cf. Catal. codd. mss. bibliothecae Malatestianae tom. II Caesenae 1784 p. 173 et 36. Continent Nicolai Rhegini interpretationem. Quorum

lectiones quoniam fere prorsus inter se consentiunt, ambos una littera C notavi. Collationem eorum diligentissimam debeo humanitati bibliothecarii Malatestianae, viri doctissimi A. L. Piccolomini;

3) Cod. Lat. Monacensis nr. 490 fol. 69—77 (M) a. 1488 a Schedelio scriptus. Ipse eum contuli;

4) Cod. Lat. Palatinus Vaticanus (V) nr. 1089 saec. XV. Excussit Helmreichius, qui eum descripsit in editione sua libelli Galeniani, qui est de parvae pilae exercitio, August. Vindel. 1878 p. 6;

5) Editio prima Juntina (J) Venet. 1522 fol. 118 sqq., quae codicis instar habenda est.

MVJ eandem ac C interpretationem praebent. Quae egregio ad textum restituendum adiumento est, quippe cum codex Graecus, ex quo Nicolaus Rheginus opusculum Galeni in Latinum convertit (cf. Proll. ed. meae Galeni de Hippocr. et Platon. placitis Lips. 1874 p. 2 adn. 5), melioris notae quam Laurentianus fuérit, quamquam non raro additamentis omissionibus correctionibus depravatus, ut ex adnotatione critica apparebit. Sed dolendum est, quod CMVJ sive interpretis ipsius culpa sive librariorum inertia locos quos Galenus ex Hippocrate et Erasistrato sumpsit longiores non integros, sed eorum prima tantum et extrema verba exscripta habent. Omissa supplevit e Graeco quodam codice, fortasse Laurentiano, Augustinus Gadaldinus; cf. ed. VII Junt. Venet. 1597 t. II p. 59 sqq. Huius interpretationem a Rhegino illam quidem ductam, sed multifariam discrepantem Renatus Charterius in editione opp. Hippocratis et Galeni t. VI p. 541 cum eius adnotationibus in margine positis (l. l. p. 552) describendam curavit; inde quas Dietzius deprompsit lectiones quoniam putavit omnes Nicolai Rhegini esse, plerumque vehementer erravit. In editione Latina operum Galeni Frobeniana (sec. class. Basileae 1561 p. 119 sqq.) horrida oratio Rhegini verbum de verbo exprimentis mutata in Latini sermonis elegantiam est.

Francogallice reddidit adnotationibusque instruxit libellum Ch. Daremberg; vid. Oeuvres anatomiques, physiologiques et médicales de Galien traduites par Ch. Daremberg, Paris 1854 tome premier p. 92 sqq.

Enarrationem rerum et verborum quaestionesque criticas alia data occasione foras dabimus.

ΓΑΛΗΝΟΥ ΠΕΡΙ ΕΘΩΝ.

Τῶν θεραπευτικῶν σκοπῶν ἕνα καὶ τὸν ἀπὸ τῶν ἐθῶν ἡγουμένων ὑπάρχειν οὐ μόνον τῶν ἀρίστων ἰατρῶν ἀλλὰ καὶ πάντων ἀνθρώπων ἔνιοι τῶν ἅπασι τοῖς καλοῖς λυμαινομένων ἐπιχειροῦσι διαβάλλειν ἐρωτῶντες ἡμᾶς, διὰ τί βλαβείς τις, εἰ οὕτως ἔτυχε, κατὰ τὴν πρώτην χρῆσιν ὑπὸ βοείων κρεῶν ἐδωδῆς, εἶτ᾽ ἀναγκασθεὶς καθ᾽ ἑκάστην ἡμέραν ἐσθίειν ταῦτα δι᾽ ὅλου τοῦ ἔτους ἢ οὐδὲν οὐκέτι βλάπτοιτ᾽ ἂν ἢ τῶν ἀήθων ἧττον· εἶθ᾽, ὅ τι ἂν εἴπωμεν, ἀνατρέποντες λόγῳ νομίζουσιν ἅμα τούτῳ καὶ τὴν τοῦ πράγματος ὕπαρξιν ἀνῃρηκέναι, καθάπερ εἴ τις ἁπάσαις ἀντειπὼν ταῖς περὶ τοῦ πῶς ὁρῶμεν δόξαις οὐδ᾽ ὁρᾶν ἡμᾶς συγχωροίη. ὅτι μὲν οὖν μεγίστη μοῖρα πρὸς τὴν τῶν ἰαμάτων εὕρεσιν ἡ ἀπὸ τῶν ἐθῶν ἐστιν, ἐναργῶς φαίνεται καὶ διὰ τοῦθ᾽ Ἱπποκράτης μὲν ἐν ἀφορισμοῖς ἔγραψεν „οἱ εἰθισμένοι τοὺς ξυνήθεας πόνους φέρειν, κἢν ὦσιν ἀσθενέες ἢ γέροντες, τῶν ἀξυνηθέων ἰσχυρῶν τε καὶ νέων ῥᾷον φέρουσιν" ἐπὶ πλέον τε διῆλθεν ἐν τῷ περὶ διαίτης ὀξέων τάς τ᾽ ἐκ τῆς ἀήθους διαίτης βλάβας καὶ τὰς ἐκ τῆς συνήθους ὠφελείας, Ἐρασίστρατος δ᾽ ὁμοίως ἐν τῷ δευτέρῳ περὶ παραλύσεως ὑπὲρ ἁπάντων ἐθῶν ὡσαύτως Ἱπποκράτει φαίνεται γινώσκων ... καὶ πρὸς τούτοις γε τῶν παλαιῶν ἰατρῶν οὐκ ἔστιν ὅστις ὁμολογουμένην τε καὶ ἀναντίλεκτον αἰτίαν [οὔτε τούτων τις οὔτε τῶν ἄλλων] εἰρηκέναι δοκεῖ. καὶ γὰρ οἱ πιθανὴν δόξαντες εὑρηκέναι κατὰ μίαν ὕλην ἄλλοι ἄλλην εὑρήκασιν, ἔνιοι μὲν ἐπ᾽ ἐδεσμάτων μόνων, ἔνιοι δ᾽ ἐπὶ γυμνασίων ἢ ἐπιτηδευμάτων, ἐπὶ πασῶν δὲ τῶν ὑλῶν οὐδείς. ἀμέλει καὶ περὶ τῆς τοῦ ψυχροῦ δόσεως, ἣν ἐπὶ τῶν ὀξέως νοσούντων ποιούμεθα πολλάκις, ἀντιπράττουσιν

Adnotatio critica. 4 a bovinarum carnium esu CMV, ab ovinarum c. e. J — 5 ὅλου τοῦ ἔτους F, τοῦ om. D (= Dietz); per totum mensem CMVJ — 6 εἴπωμεν D, εἴπομεν F — 10 ἐν ἀφορισμοῖς; cf. Aphor. II 49 t. IV p. 484 ed. Littré, t. I p. 408 ed. Ermerins; Galen. XVII B 552 — εἰθισμένοι (non εἰθισμοὶ, ut D legit) F — ξυνήθεας nos; συνήθεις F D; cf. p. 111, 16 ed. D.: ξυγκαίεται; 113, 9 ξυγκομιστοὶ; 110, 18 ἀσθενέας, 19 ὀξυρεγμιώδεας — κἢν nos; κἂν F D; cf. ἢν 110, 16. 18 — 11 ἢ supra οι, quod expunctum est, F — ἀξυνηθέων nos, ἀσυνήθων F D — ἰσχυρῶν τε καὶ νέων om. F D, fortibus iuvenibus CMVJ — φέρουσιν F φέρουσι D — 12 πλέον nos, πλεῖον F D — ἐν τῷ nos; ἐν τῇ F D — 14 γινώσκων F cognoscens CMVJ; γιγνώσκειν D — Signum lacunae post γινώσκων nos posuimus — 15 ὅστις ὁμολογουμένην nos; ὅστις οὐχ ὁ. F D, qui non confessam CMVJ — οὔτε τούτων τις οὔτε τῶν ἄλλων F, uncis inclusimus nos; neque horum quis neque aliorum MV om. CJ; οὔτε τούτων οὔτε τῶν ἄλλων D —

ἡμῖν ἔνιοι κωλύοντες μὲν διδόναι τοῖς πυρέττουσι, κελεύοντες δ᾽ ἡμᾶς ἀρκεῖσθαι ταῖς
ἀπὸ τῶν ἄλλων σκοπῶν ἐνδείξεσιν, ὡς ἀπό τε τῶν πεπονθότων τόπων καὶ τῆς ἐν
αὐτοῖς διαθέσεως ἡλικίας τε καὶ χώρας καὶ ὥρας ἔτι τε τῆς τοῦ κάμνοντος αὐτοῦ
κράσεως καὶ δυνάμεως, αἷς εἰώθαμεν χρῆσθαι, γελοῖον εἶναι φάσκοντες, εἰ φλεγμαίνον-
τος ἥπατος ἢ πνεύμονος ἢ γαστρὸς ἢ τινος ἑτέρου τῶν οὕτως ἐπικαίρων μορίων ἐπι-
τρέψομεν τῷ ψυχροπότῃ ψυχρὸν προσφέρεσθαι πόμα δι᾽ οὐδὲν ἄλλ᾽ ἢ τὸ ἔθος (ὅμοιον
γὰρ τοῦτ᾽ εἶναί φασιν ὡς εἰ ἐπιτρέποιμεν λούεσθαι ψυχρῷ τοὺς οὕτως εἰθικότας, εἰ
πυρέττοιεν), ὥσπερ ἂν ἡμῶν ἅπασι τοῖς ὁπωσοῦν νοσοῦσι τὰ συνήθη πάντα πράττειν
ἐπιτρεπόντων, ἀλλ᾽ οὐχὶ πρὸς τοῖς ἄλλοις ἅπασι σκοποῖς καὶ τὸν ἀπὸ τῶν ἐθῶν παρα-
λαμβανόντων. Ἀριστοτέλης γοῦν ὁ Μιτυληναῖος, ἀνὴρ πρωτεύσας ἐν τῇ Περιπατητικῇ
θεωρίᾳ, νοσήματι περιπεσὼν ὑπὸ ψυχροῦ πόσεως ὠφεληθῆναι δυναμένῳ, διότι μηδέ-
ποτε τοιοῦτο προσενήνεγκτο πόμα, διεκώλυσε τοὺς συμβουλεύοντας αὐτῷ πιεῖν ἐπίστα-
σθαι σαφῶς εἰπών, ὅτι σπασθήσοιτο γευσάμενος ψυχροῦ· καὶ γὰρ ἐπ᾽ ἄλλου τοῦτ᾽
ἔφασκεν ἑωρακέναι τήν τε τοῦ σώματος ἕξιν καὶ κρᾶσιν ὁμοίαν ἑαυτῷ καὶ τὸ τῆς
θερμοποσίας ἔθος ἐσχηκότος. | εἰ δ᾽ ἦν ἔθος ὥσπερ ἐνίοις πόματος τοιούτου, μάλιστα
μὲν ἂν οὐδ᾽ αὐτὸς ἔδεισεν αὐτοῦ τὴν προσφοράν· ἐπειδὴ δὲ καὶ τοῦτ᾽ ἔπαθεν, ἐασά-
τωσαν οἱ παρόντες ἰατροὶ πάντως αὐτόν. ἐκεῖνος μὲν οὖν οὕτως ἀπέθανεν, ὡς ἐπυθό-
μην· ἐρομένων δέ με τῶν παραγενομένων αὐτῷ τελευτῶντι, πότερον, ὡς ἐπ᾽ ἄλλων
ἐτόλμησα τοῖς μὲν δι᾽ ὅλης τῆς νόσου, τοῖς δ᾽ ἔν τινι καιρῷ δοῦναι ψυχρὸν εὐλαβου-

---

2 ὡς D, ἃς F, quas CMVJ — πεπονθότων τόπων nos, a patientibus locis CMV a patientibus particulis vel locis J; πεπονθότων πάντων F D — 3 ἔτι τε nos, adhuc et M adhuc autem CJ adhuc autem et V; τε om. F D — 4 αἷς nos; οἷς F D, om. CMVJ — 5 ἢ πνεύμονος om. CMVJ — τινος ἑτέρου om. F D, nos addidimus, vel aliqua ita praecipuarum CMVJ vel aliqua alia ex ita praecipuis Gadaldinus — 6 ἔθος ὃ ἠθικότας εἰ πυρέττοιεν F; ἔθος (ὅμοιον γὰρ — 7 τοὺς οὕτως εἰθικότας, εἰ π.) nos; assuetudinem: simile enim hoc esse aiunt huic [= ac] si concederemus balneari frigida ita assuetos, etsi febriant CMVJ; ἔθος· ὃ ταὐτὸν εἶναί φασιν ὡς εἰ ἐπιτρέποιμεν ψυχρῷ λούεσθαι τοὺς οὕτω ἠθικότας D — 9 παραλαμβανόντων nos, assumentibus CMVJ; παραλαμβάνουσιν F D — 12 προσ-
ενήνεγκτο πόμα (non, ut D legit, προσήνεγκε τὸ) F; προσήνεγκε τὸ π. D — συμβουλεύοντας nos, consulentes CMVJ; συμβούλους F D — 13 σπασθήσοιτο F spasmabitur CMVJ; D perperam legit ἐπιλαθήσοιτο, unde coniecit ἐπιλήσοιτο (se sui obliturum i. e. mortem obiturum esse) vel ἐπιληφ-
θήσοιτο (devoir être attaqué d'épilepsie Daremb.), sed idem: „Fortassis legit (Nic. Rheg.) σπασθή-
σοιτο" — 14 ἕξιν καὶ D; ἕξιν τε καὶ F — ὁμοίαν nos, ὅμοιον F; ὁμοίου D — 16 ἐπειδὴ δὲ nos; εἰ
δὲ F D; haec (hic V) vero et hic (hoc MVJ) passus est CMVJ — ἐασάτωσαν nos; ἐάσαντες ἂν
F et D, qui coniecit ἐάσειαν ἄν; coegerunt enim utique assistentes medici omnino eum CMVJ —
18 ἐρομένων D; ἐρωμένων F —

μένων τῶν ἰατρῶν, οὕτως ἂν ἐτόλμησα καὶ ἐπ' ἐκείνου ἢ καλῶς ἐστοχάσατο τῆς ἑαυτοῦ
φύσεως ὁ ἀνήρ, ἀπεκρινάμην αὐτοῖς ἀκριβῶς αὐτὸν ἐστοχάσθαι. πάνυ γὰρ ἦν ἰσχνὸς
καὶ τὸ στόμα τῆς κοιλίας ψυχρότατον εἶχεν ἐξ ἀρχῆς, ὡς λύζειν εὐθέως, εἴ ποτε βραχέως
ψυχθείη. ἀλλ' ὥσπερ οὗτος οὐκ ἂν ἤνεγκε τὸ ψυχρὸν πόμα διά τε τὸ ἔθος καὶ τὴν
τοῦ σώματος φύσιν καίτοι τοῦ νοσήματος ἐνδεικνυμένου, οὕτως ἑτέροις ἔδωκα πάνυ 5
θαρρῶν, εἰ καὶ καυσούμενος ἀκριβῶς ὁ πιὼν εἴη, μηδενὸς ἐπιφανῶς σπλάγχνου φλεγ-
μήναντος, οὐ πάνυ δ' ἔτι θαρρῶν .. ἀλλὰ μετὰ τὸ προειπεῖν τοῖς οἰκείοις τοῦ κάμνον-
τος, εἰ μὲν μὴ πίοι ψυχροῦ, τεθνήξεσθαι πάντως τὸν ἄνθρωπον, | εἰ δὲ πίοι, πολλὰς 110
ἐλπίδας ἕξειν σωτηρίας, οὕτως ἔδωκα καὶ σὺν θεῷ φάναι πάντες ἐσώθησαν οἱ λαβόντες.
ὥστε πολυχρονίῳ πείρᾳ κεκριμένου τοῦ βοηθήματος ἐπὶ τὴν τῆς αἰτίας ζήτησιν ἰτέον 10
ἀναμνήσαντας πρότερον ὧν ἔγραψαν ὁ μὲν Ἱπποκράτης ἐν τῷ περὶ διαίτης ὀξέων, ὁ
δ' Ἐρασίστρατος ἐν τῷ δευτέρῳ περὶ παραλύσεως. ἡ μὲν οὖν Ἱπποκράτους ῥῆσις οὕτως
ἔχει· „ἀλλὰ μὴν εὐκαταμάθητόν γε ἐστίν, ὅτι φαύλη δίαιτα βρώσιός τε καὶ πόσιος αὐτὴ
ἑωυτῇ ἐμφερὴς αἰεὶ ἀσφαλεστέρη ἐστὶ τὸ ἐπίπαν ἐς ὑγείην ἢ εἴ τις ἐξαπίνης μέγα μετα-
βάλλοι ἐς ἄλλο κρεῖσσον, ἐπεὶ καὶ τοῖσι δὶς σιτεομένοισι τῆς ἡμέρης καὶ τοῖσι μονοσι- 15
τέουσιν αἱ ἐξαπιναῖοι μεταβολαὶ βλάβας καὶ ἀρρωστίην παρέχουσι. καὶ τοὺς μέν γε μὴ
μεμαθηκότας ἀριστᾶν, ἢν ἀριστήσωσιν, εὐθέως ἀρρώστους ποιέει καὶ βαρέας ὅλον τὸ
σῶμα καὶ ἀσθενέας καὶ ὀκνηρούς· ἢν δὲ καὶ ἐπιδειπνήσωσιν, ὀξυρεγμιώδεας· ἐνίοισι δὲ
ἂν καὶ σπα|τίλη γένοιτο, ὁκόταν παρὰ τὸ ἔθος ἠχθοφορήκῃ ἡ κοιλίη εἰθισμένη ἐπιξη- 111
ραίνεσθαι καὶ μὴ δὶς διογκοῦσθαι μηδὲ δὶς ἕψειν τὰ σιτία". εἶτα μεταξὺ παρενθεὶς 20

---

1 ἂν nos addidimus, ita utique ausus fuissem CMVJ; ἂν om. F D — ἢ D εἰ F — 2 αὐτοῖς
nos; αὐτοὺς F D — αὐτὸν nos, eum considerasse CMVJ; ἑαυτὸν F D — 3 ψυχρότατον nos, frigi-
dissimum CMVJ; ψυχρότερον F D — 5 ἑτέρως corr. ead. man. in ἑτέροις F — 6 καυσούμενος ἀκρι-
βῶς coniecit in adn. D, in textu posuit καῦσος (F) ἀκριβὴς (ὡς F); si causus (casus CJV) certus
febris (febri M) fuerit CMVJ — 7 δ' ἔτι D; δέ τι F — post θαρρῶν signum lacunae nos posuimus
— 10 κεκριμένου D; κεκριμμένου F — 11 ἀναμνήσαντας D; ἀναμνήσαντες F — ἔγραψαν D; ἐγρά-
ψαμεν F — 13 ἀλλὰ μὴν etc.; cf. de vict. rat. in morb. acut. t. II p. 282 sqq. ed. Littré, t. I
p. 304 sqq. ed. Ermerins; Galen. XV p. 551 sqq. — γε D; τε F — „at vero bene discibile est"
usque „neque bis coquere cibaria" (p. 111 init.) CMVJ — βρώσιος — πόσιος nos; βρώσεως —
πόσεως F — αὐτὴ D; αὐτῇ F — 14 μέγα om. F D; cf. Galen. Comment. ad hunc loc. XV p. 551, 11:
τὰς παρὰ τὸ ἔθος ἐξαπίνης μεγάλας μεταβολὰς οὐ σμικρὰν ἐργάζεσθαι βλάβην; idem XVI p. 314, 2 —
15 ἐς F; εἰς D — τοῖσι D; τοῖς F — σιτεομένοισι nos; σιτευομένοισι F D; cf. 8, 4 σιτεόμενοι
— ἡμέρης nos; ἡμέρας F D — μονοσιτέουσιν D; μονοσιτεύουσιν F — 16 αἱ nos addidimus; om. F D
18 ὀξυρεγμιώδεας, non, ut D legit, ὀξυρεγμώδεας F — 19 σπατίλη D Gadaldinus; σπατάλη F —
ἠχθοφορήκῃ D; ἠχθοφόρηκεν F — 20 ἑψεῖν F D —

— 8 —

ὅπως ἄν τις τὴν βλάβην τούτων ἰάσαιτο, συνάπτων αὖθις ὑπὲρ τῶν παραβάντων τὸ
ἔθος οὕτω γράφει· „ἔτι δὲ μᾶλλον ἂν πονήσειεν ὁ τοιοῦτος, εἰ τρὶς σιτέοιτο τῆς ἡμέρης
ἐς κόρον, ἔτι δὲ μᾶλλον, εἰ πλεονάκις· καίτοι γε πολλοί εἰσιν, οἳ εὐφόρως φέρουσι τρὶς
σιτεόμενοι τῆς ἡμέρης ἐς πλῆθος, οἳ ἂν οὕτως ἐθισθῶσιν. ἀλλὰ μὴν καὶ οἱ δὶς μεμα-
5 θηκότες σιτέεσθαι τῆς ἡμέρης, ἢν μὴ ἀριστήσωσιν, ἀσθενέες τε καὶ ἄρρωστοί εἰσι καὶ
δειλοὶ ἐς πᾶν ἔργον καὶ καρδιαλγέες. κρέμασθαι γὰρ τὰ σπλάγχνα δοκέει αὐτέοισι καὶ
οὐρέουσι θερμὸν καὶ χλωρὸν καὶ ἡ ἄφοδος ξυγκαίεται· ἔστι δὲ οἷσι καὶ τὸ στόμα πι-
κραίνεται καὶ οἱ ὀφθαλμοὶ κοιλαίνονται καὶ οἱ κρόταφοι πάλλονται καὶ τὰ ἄκρα δια-
ψύχονται· καὶ οἱ μὲν πλεῖστοι τῶν ἀνηριστηκότων οὐ δύνανται κατεσθίειν τὸ δεῖπνον·
10 δειπνήσαντες δὲ βαρύνουσι τὴν κοιλίην καὶ δυσκοιτέουσι πολὺ μᾶλλον ἢ εἰ καὶ προ-
ηριστήκεσαν. ὁκότε οὖν τὰ τοιαῦτα τοῖς ὑγιαίνουσι γίγνεται εἵνεκα ἡμίσεος ἡμέρης
112 διαίτης μεταβολῆς παρὰ τὸ ἔθος, | οὔτε προσθεῖναι λυσιτελὲς φαίνεται οὔτε ἀφελέειν.
εἰ τοίνυν οὗτος ὁ παρὰ τὸ ἔθος μονοσιτήσας ὅλην τὴν ἡμέρην κενεαγγήσας δειπνήσειεν,
ὁκόσον εἴθιστο, εἰκὸς αὐτόν, εἰ τότε ἀνάριστος ἐὼν ἐπόνεε καὶ ἐρρώστει, δειπνήσας
15 δὲ τότε βαρὺς ἦν, πολὺ μᾶλλον βαρύνεσθαι· εἰ δέ γε ἐπὶ πλείονα χρόνον κενεαγγήσας
ἐξαπίνης μεταδειπνήσειεν, ἔτι μᾶλλον ἂν βαρύνοιτο". Μετὰ ταῦτα δὲ πάλιν ὁ Ἱππο-
κράτης, ὥσπερ καὶ πρόσθεν, ἐπανορθώσεις τινὰς τῆς γινομένης βλάβης ἐπὶ τοῖς κε-
νεαγγήσασι παρὰ τὸ ἔθος γράψας ἐφεξῆς πάλιν οὕτω φησί· „πολλὰ δὲ ἂν τις ἠδελφισ-
μένα τουτέοισι τῶν ἐς κοιλίην καὶ ἄλλα εἴποι, ὡς εὐφόρως μὲν φέρουσι τὰ βρώματα,
20 ἃ εἰθίδαται, ἢν καὶ μὴ ἀγαθὰ ᾖ φύσει, ὡσαύτως δὲ καὶ τὰ ποτά· δυσφόρως δὲ φέρουσι

---

2 γράφει F; γράφεται D — ἔτι δὲ μᾶλλον etc. l. l. p. 286 ed. L., p. 305 ed. Erm., Gal.
p. 556; „Adhuc autem magis utique laborabit hic talis" usque „si vero quis . . adhuc magis gra-
vabitur" (v. 16) CMVJ — ἔτι δὲ nos; δὲ om. F D — μᾶλλον, non μ' ἄλλον, ut D notavit, F —
σιτέοιτο nos; φάγοι D, φάγοι τε F — 4 οἳ ἂν nos; ἐὰν F D — 5 σιτέεσθαι D; σιτεῖσθαι F —
ἀσθενέες nos; ἀσθενεῖς F D — 6 κρέμασθαι nos (cf. Gal. XVI p. 314, 10; X p. 544, 10); κρε-
μασθέντα F D — 9 ἀνηριστηκότων D, qui pransi non sunt Gadald.; ἠριστηκότων F — κατεσθίειν τὸ
δεῖπνον D; κατεσθίειν οἱ ἠριστηκότες τὸ δ. F — 10 καὶ post εἰ nos addidimus; om. F D — 11 ὁκότε
nos (cf. p. 111, 1 ὁκόταν, 112, 3 ὁκόσον); ὁπότε F D — ἡμίσεος D; ἡμίσεως F — 12 ἀφελέειν nos;
ἀφελεῖν F D — 13 μονοσιτήσας D; μονοσιτῖσας (sic saepius, ut δειπνίσας pro δειπνήσας) F —
ἡμέρην D; ἡμέραν F — κενεαγγήσας D; κενεαγγείσας F — 14 εἰ τότε D; ἐνίοτε F — ἐπόνεε D;
ἐπόνει F — 15 βαρύνεσθαι nos (cf. Galen. XV p. 562, 7); βαρὺν εἶναι F D — 16 μεταδειπνήσειεν
D; μεγαδειπνήσειεν F — 18 πολλὰ δὲ etc. l. l. p. 298 ed. L., p. 307 ed. Erm, Gal. XV p. 573; „multa
vero fraterna his de ventre et alia dicet" usque „neque id (illud J) posse repente alterata" (p. 114, 3)
CMVJ — 20 εἰθίδαται nos; εἰθισμένοι εἰσίν F D — ᾖ D; εἰσι F —

τὰ βρώματα, ἃ μὴ εἰθίδαται, καὶ ἢν μὴ κακὰ ᾖ, ὡσαύτως δὲ καὶ τὰ ποτά. καὶ ὅσα
μὲν κρεηφαγίη πολλὴ παρὰ τὸ ἔθος βρωθεῖσα ποιέει ἢ σκόροδα ἢ σίλφιον ἢ ὀπὸς ἢ
καυλὸς ἢ ἄλλα ὅσα τοιουτότροπα μεγάλας δυνάμιας ἔχοντα ἰδίας, ἧσσον ἄν τις θαυ-
μάσειεν, εἰ τὰ | τοιαῦτα πόνους ἐμποιέει τῇσι κοιλίῃσι μᾶλλον τῶν ἄλλων· ἀλλὰ εἰ
καταμάθοις, ὅσον μᾶζα ὄχλον καὶ ὄγκον καὶ στρόφον καὶ φῦσαν τῇ κοιλίῃ παρέχει
παρὰ τὸ ἔθος βρωθεῖσα τῷ ἀρτοφαγέειν εἰθισμένῳ ἢ οἷον ἄρτος βάρος καὶ τάσιν
κοιλίης τῷ μαζοφαγέειν εἰθισμένῳ ἢ αὐτός γε ὁ ἄρτος θερμὸς βρωθεὶς οἵην δίψην
παρέχει καὶ ἐξαπιναίην πληθώρην διὰ τὸ ξηραντικόν τε καὶ βραδύπορον· καὶ οἱ ἄγαν
καθαροί τε καὶ ξυγκομιστοὶ παρὰ τὸ ἔθος βρωθέντες οἷα διαφέροντα ἀλλήλων ποι-
έουσι· καὶ μᾶζά γε ξηρὴ παρὰ τὸ ἔθος ἢ ὑγρὴ ἢ γλίσχρη· καὶ τὰ ἄλφιτα οἷόν τι ποιέει
τὰ ποταίνια τοῖσι μὴ εἰωθόσι καὶ τὰ ἑτεροῖα τοῖσι τὰ ποταίνια εἰωθόσι καὶ οἰνοποσίη
καὶ ὑδροποσίη παρὰ τὸ ἔθος ἐς θάτερα μεταβληθέντα ἐξαπίνης, καὶ ὑδαρής τε οἶνος
καὶ ἄκρητος ἐξαπίνης ποθείς· ὁ μὲν γὰρ πλάδον τε ἐν τῇ ἄνω κοιλίῃ ἐμποιήσει καὶ
φῦσαν ἐν τῇ κάτω, ὁ δὲ παλμόν τε φλεβῶν καὶ καρηβαρίην καὶ δίψην· καὶ λευκός τε
καὶ μέλας οἶνος παρὰ τὸ ἔθος μεταβάλλουσιν, εἰ καὶ ἄμφω οἰνώδεες εἶεν, ὅμως | πολλὰ
ἂν ἑτεροιώσειαν κατὰ τὸ σῶμα, ὡς δὴ γλυκύν τε καὶ οἰνώδεα ἧσσον ἄν τις φαίη θαυμαστὸν
εἶναι μὴ τωὐτὸ δύνασθαι ἐξαπίνης μεταβληθέντα". Παρὰ μὲν Ἱπποκράτους ἀρκεῖ τὰ
δεῦρο τοῦδε γεγραμμένα παραδείγματα περὶ τῆς τῶν ἐθῶν δυνάμεως, Ἐρασίστρατος
δ' ἐν τῷ δευτέρῳ περὶ παραλύσεως ὡδέ πως ἔγραψεν· „δεῖ δὲ πολλὴν πάνυ ἐπίσκεψιν
ποιήσασθαι περὶ συνηθείας καὶ ἀσυνηθείας τὸν μέλλοντα κατὰ τρόπον ἰατρεύειν· λέγω
δὴ τὸ τοιοῦτο· πόνους τοὺς μὲν συνήθεις πολλοὺς πονοῦντες ἄκοποι διατελοῦσιν ὄντες,
τοὺς δὲ ἀσυνήθεις ὀλίγους πονήσαντες ὑπόκοποι γίνονται· βρώματά τε ὅσα συνήθη

---

1 εἰθίδαται nos; ἠθαδά σε F; ἠθάδες εἰσὶ D — μὴ κακὰ ᾖ F; [μὴ] καλὰ ᾖ D — ποτά D;
ποτέ F — 2 κρεηφαγίη D; κρεωφαγείη F — βρωθεῖσα nos addidimus; cf. v. 6; om. F D — ἢ
σκόροδα D; ἢ om. F — 3 ἰδίας nos addidimus; om. F D — 4 τῶν om. F D — 6 ἀρτοφαγεῖν F D
— 7 μαζοφαγεῖν F — ὁ om. F D — θερμὸς om. F; cf. Gal. XV p. 576, 17 ἄρτον θερμόν —
10 ξηρά F — 11 τὰ πότ' ἔνια (item postea) F — 12 θάτερον F — ὑδαρής γε F D — 13 ἄκρατος F —
14 δίψος F D Galen. XV p. 577, 13 — καὶ ante λευκὸς om. F — 15 μέλας οἶνος καὶ ἄκρατος ἐξα-
πίνης ποθείς, ὁ μὲν γὰρ etc. usque ad μέλας οἶνος F „repetit oculorum errore ex antecedentibus"
D — ὁμοίως F D — 16 ὡς δεῖ γλυκὰ F — 17 Ἱπποκράτους nos, Ab Ypocrate CMVJ; Ἱπποκράτει
F D — 19 „Oportet autem valde multam considerationem facere de assuetudine et insuetudine (dis-
suet. J) debentem secundum modum mederi" usque „si debet non in (in non J) multis eorum quae
secundum medicinam claudicare" (p. 10, 26) CMVJ — 20 ἰατρεύειν F, ἰητρεύειν D — 21 τῷ τοιούτῳ
F, τὸ τοιοῦτο coniecit D — πονοῦντες D; πονοῦντας F — 22 γίνονται F (sic omnibus locis);
γίγνονται D —

δυσπεπτότερα ὄντα ἔνιοι ῥᾷον πέττουσιν ἢ τὰ ἀσυνήθη εὐπεπτότερα ὄντα· ἐκκρίσεις
δὲ τὰς συνήθεις, κἂν ἀλυσιτελεῖς ὦσιν, εἰς συνήθειαν δὲ ἥκωσιν, ἐπιζητεῖ τὸ σῶμα
καὶ ἀποστερούμενον τούτων εἰς νόσους ἐμπίπτει, οἷον γίνεται περί τε τὰς τῶν αἱμορ-
ροΐδων φορὰς καὶ καθάρσεις, ἃς ἔνιοι αὑτοῖς συνήθεις ποιοῦνται, καὶ δὴ ἑλκῶν κατὰ
5 χρόνον ἐκπιπτόντων καὶ ἰχωρροούντων, καὶ ὡς ἐνίοις κατά τινας καιροὺς χολέραι γί-
νονται. ἁπάσας γὰρ τὰς τοιαύτας ἐκκρίσεις ἀλυσιτελεῖς οὔσας ἐπιζητεῖ τὸ σῶμα καὶ
115 μὴ γινομένων αὐτῶν κατὰ τοὺς εἰθισμένους και|ροὺς εἰς πάθη οὐ σμικρὰ ἐμπίπτουσιν,
οἷς συνήθη τὰ τοιαῦτα. φαίνεται δὲ καί τινα τοιαῦτα γινόμενα κατὰ τὰς συνηθείας
ὧν ἐπιστάμεθα ἐπῶν ἰάμβων· εἴ τις κελεύσειεν ἡμᾶς εἰπεῖν ἐκ μέσου στίχους δύο ἢ
10 τρεῖς ἀσυνήθεις ὄντας τοῦ τοιούτου, οὐκ ἂν εὐπόρως δυναίμεθα· κατὰ δὲ τὴν ἐφεξῆς
ἀρίθμησιν ἐπὶ τοὺς αὐτοὺς τούτους ἐλθόντες στίχους ἐξ ἑτοίμου ῥᾳδίως ἐροῦμεν, συν-
εθιζόμενοι δὲ καὶ τὸ πρότερον εἰρημένον εὐπόρως ποιοῦμεν. συμβαίνει δὲ καὶ τοιοῦ-
τόν τι· οἱ μὲν ἀσυνήθεις τοῦ μανθάνειν βραδέως τε καὶ ὀλίγον μανθάνουσι, συνηθέστεροι
δὲ γενόμενοι πολὺ πλεῖον καὶ ῥᾷον τοῦτο ποιοῦσι. γίνεται δὲ καὶ περὶ τὰς ζητήσεις
15 ὅμοιον· οἱ μὲν γὰρ ἀσυνήθεις τὸ παράπαν τοῦ ζητῆσαι ἐν ταῖς πρώταις κινήσεσι τῆς
διανοίας τυφλοῦνται καὶ ἀποσκοτοῦνται καὶ εὐθέως ἀφίστανται τοῦ ζητεῖν κοπιῶντες
τῇ διανοίᾳ καὶ ἐξαδυνατοῦντες οὐχ ἧττον ἢ ὅσοι πρὸς δρόμους ἀσυνήθεις ὄντες προσ-
έρχονται· ὁ δὲ συνήθης τῷ ζητεῖν πάντῃ διαδυόμενός τε καὶ ζητῶν τῇ διανοίᾳ καὶ
μεταφερόμενος ἐπὶ πολλοὺς τόπους οὐκ ἀφίσταται τῆς ζητήσεως, οὐχ ὅτι ἐν μέρει
20 ἡμέρας ἀλλ' οὐδὲ ἐν παντὶ βίῳ ἀναπαύων τὴν ζήτησιν· καὶ μεταφέρων ἐπ' ἄλλας
116 ἐννοίας τὴν διάνοιαν οὐκ ἀλλοτρίας | τοῦ ζητουμένου προβάλλει ἕως ἐπὶ τὸ προκείμε-
νον ἐλθεῖν. οὕτω φαίνεται ἄχρι νῦν τὰ τῆς συνηθείας ἰσχύειν ἐν ἅπασι τοῖς ἡμετέροις
πάθεσιν ὁμοίως τοῖς τε ψυχικοῖς καὶ τοῖς σωματικοῖς. περὶ μὲν δὴ τούτων εἰς τὸ παρὸν
ἱκανῶς εἰρήσθω· ἐν δὲ τοῖς καθόλου λόγοις ὑπὲρ ἰατρικῆς λεγομένοις ἐπὶ πλέον ἐξη-
25 ρίθμηται ἀναγκαίαν ἔχοντα τὴν ἐπίσκεψιν, εἰ μέλλοι μὴ πολλὰ τῶν κατ' ἰατρικὴν
χωλεύειν." Ταῦτα μὲν οἱ ἐνδοξότατοι τῶν ἰατρῶν, Ἐρασίστρατος καὶ Ἱπποκράτης,
εἰρήκασι περὶ δυνάμεως ἐθῶν, οὐ λόγῳ τὴν εὕρεσιν αὐτῶν ἀνατιθέντες, ἀλλ' ἐκ τῶν
ἐναργῶς φαινομένων διδαχθέντες, ὅπερ ἀμέλει καὶ τῶν ἄλλων ἀνθρώπων ὅσοι μὴ κα-

---

1 ἀσυνήθη D; συνήθη F — 2 κἂν D; καὶ F — 4 αὑτοῖς nos; αὐτοῖς F D — καὶ δὴ D; καὶ
δι' F — 5 ἰχορροούντων F; ἰχωροροούντων D — 8 συνήθη nos; συνήθεια F D — 9 στίχους D;
στίχου F, ex medio versu Gadald. (non Nicol. Rheg.) — 10 δυναίμεθα D; δυνάμεθα F — 15 τῆς
διανοίας nos; τὴν διάνοιαν F D — 16 κοπιῶντες coniec. D; κοπιοῦντες F — 21 ἀλλοτρίας τοῦ nos;
ἀ. μὲν τοῦ F D — προβάλλει D; προβάλλειν F, progreditur Gadald. (non Nic. Rheg.) — 25 εἰ D;
ἢ F — 28 ἀνθρώπων (sc. ἐδιδάχθησαν) ὅσοι μὴ nos, homines quicunque non CMVJ; ἀ. εἰ μὴ D;
ἀνθρώπων μὴ (om. ὅσοι) F —

θάπερ ὕες ἢ ὄνοι ζῶσιν, ἀλλὰ παρακολουθοῦσιν ὑφ᾿ ὧν ὠφελοῦνταί τε καὶ βλάπτονται.
πάρεστι γοῦν αὐτῶν ἀκούειν ὁσημέραι λεγόντων εἰθίσθαι τῷδε τῷ βρώματι καὶ τῷδε
τῷ πόματι καὶ διὰ τοῦτο μὴ δύνασθαι καταλιπεῖν αὐτά· καὶ γὰρ καὶ βλάπτεσθαι κατὰ
τὰς μεταβολάς. ὁμοίως δὲ καὶ περὶ τῶν ἐπιτηδευμάτων λέγουσιν, οἷον ἀλουσίας λου-
τρῶν, ἱππασίας κυνηγεσίων, δρόμου πάλης, ἀγρυπνιῶν ὕπνων, ἡλιώσεως ψύξεως, φρον- 5
τίδων ὅσα τ᾿ ἄλλα τοιαῦτα. | 117

Καταφρονήσαντες οὖν καὶ ἡμεῖς τῶν ἤτοι μηδὲν πάνυ ἢ σμικρὸν ἡγουμένων εἰς
θεραπείαν συντελεῖν τὸν ἀπὸ τῶν ἐθῶν σκοπὸν ἐπισκεψώμεθα, τίς ποτ᾿ ἐστὶν ἡ αἰτία
τοῦ πολὺ δύνασθαι τὸ ἔθος καὶ εἴτε μία τις ἐστὶν ἢ καὶ καθ᾿ ἑκάστην ὕλην ἑτέρα.
λέγω δ᾿ ὕλην, ἐφ᾿ ᾗ συνέστη τὸ ἔθος, οἷον, ὡς ἔφην, ἐδέσματα ἢ πόματα ἢ γυμνάσια 10
ἢ ἕτερόν τι τοιοῦτο. καὶ γὰρ τὴν γ᾿ ἀρχὴν ἐπὶ τῶν ἐσθιομένων τε καὶ πινομένων
ποιησώμεθα. τί δή ποτε γὰρ οἱ τῇ τῶν βοείων κρεῶν ἐδωδῇ συνήθως χρώμενοι τινὲς
μὲν οὐδ᾿ ὅλως βλάπτονται, τινὲς δ᾿ ἧττον ἢ πρόσθεν; ἢ διὰ τί κατὰ φύσιν τινὲς εὐθὺς
ἐξ ἀρχῆς, ὡς αὐτὸς Ἐρασίστρατος ἔγραψε, ῥᾷον πέττουσι τὰ βόεια κρέα τῶν πετραίων
ἰχθύων; ἀλλὰ τούτου μὲν ἡ αἰτία λέλεκται κατὰ τὴν τῶν φυσικῶν δυνάμεων ἐπίσκεψιν, 15
εἰρήσεται δὲ καὶ νῦν ὀλίγον ὕστερον ἐν τῇ τοῦ λόγου κοινωνίᾳ· νυνὶ δ᾿ ἀπὸ τῶν δι᾿
ἔθος ἄμεινον πεττόντων ὁτιοῦν ἐδεσμάτων τὴν ἀρχὴν τῆς διδασκαλίας ποιησώμεθα
κοινὴν ὑπόθεσιν λαβόντες εἰς ταῦτα πάντα τὰ φύσει τισὶν οἰκεῖά τε καὶ οὐκ οἰκεῖα.
λέλεκται μὲν οὖν ἐπὶ πλέον ὑπὲρ ἁπάν|των τούτων κατὰ τὴν τῶν φυσικῶν δυνάμεων 118
ἐπίσκεψιν· ἀρξώμεθα δὲ καὶ νῦν τοῦ λόγου τὴν τῆς πέψεως ἔννοιαν προχειρισάμενοι. 20
καθάπερ γὰρ ἄρτους οἱ σιτοποιοὶ λέγονται πέττειν οὐκ ἐπειδὰν ἀλοῦντές τε καὶ διάτ-

---

2 αὐτῶν ἀκούειν ὁσημέραι λεγόντων nos, licet audire cotidie dicentes CMVJ; αὐτῶν ὁσημέραι ἀκοῦσαι λ. D, αὐτῶν ὁσημέραι λεγόντων (om. ἀκούειν) F — εἰθίσθαι τῷδε nos, assuetos esse circa hunc cibum CMVJ; εἰθίσθαι φησὶ τῷδε F; εἴθισται, φησὶ, τῷδε D — 5 ὕπνων nos addidimus; om. FCMVJD — 7 Ante Καταφρονήσαντες in F tamquam index capitis: τίς ἡ αἰτία τοῦ πολὺ δύνασθαι τὸ ἔθος — 8 τίς F quae CMJV; τί D — 9 ἑτέρα D; ἑτέραν F — 10 ἐδέσματα ἢ πόματα ἢ γυμνάσια ἢ ἕτερόν τι τοιοῦτο nos, cibos vel potus vel exercitia vel balnea vel aliquod aliud tale CMVJ; ἐδεσμάτων ἢ πομάτων ἢ γυμνασίων ἢ τινος ἑτέρου τοιούτου F D — 14 κρέα D; κρέη F — 17 ποιησώμεθα nos, doctrinam faciamus CMVJ; ποιήσομαι F D — 18 λαβόντες εἰς ταῦτα πάντα τὰ nos, communem suppositionem accipientes (facientes MJ) ad haec omnia CMVJ; λαβὼν εἴς τε τἆλλα (τἆλλα F) πάντα καὶ τὰ F D — 19 ἐν κατὰ F — 21 ἄρτους οἱ σιτοποιοὶ nos, panes frumentarii CMVJ; ἄρτιοι σιτοποιοὶ D; ἄρτι ιοι F — λέγονται πέττειν nos, dicuntur coquere CMVJ; πέττοντες λέγουσι F D; „coniicio: ἀρτοποιοὶ σιτ. πέττοντες λέγονται" D; idem antea: „Nicolaus: quemadmodum enim pistores panem coquere debent. Vertas: Quemadmodum enim legitimi pastores, qui panem coquunt, adpellantur" (!). De Nicolao Rheg. falsa tradit; is enim habet: quemadmodum enim panes frumentarii dicuntur coquere; Gadaldinus: quemadm. enim pistores panem coquere dicunt —

τοντες εἰς λεπτὰ μόρια καταθραύσωσι τοὺς πυροὺς, ἀλλ' ὅταν ἐπὶ τῷ τοιοῦτο πρᾶξαι
δεύσαντες ὕδατι ζύμην μίξαντες μαλάξωσιν, εἶτα καλύψαντές τινι τῶν θαλπόντων
ἐάσωσιν, ἄχρις ἂν, ὡς αὐτοὶ καλοῦσι, ζυμωθῇ, καὶ μετὰ ταῦτα διὰ κλιβάνων ἢ ἰπνῶν
ὀπτήσωσιν, οὕτω κἀπὶ τῶν εἰς γαστέρα καταποθέντων οὐκ ἐπειδὰν ἐν αὐτῇ κατα-
5 θραυσθῇ καὶ λυθῇ, πεπέφθαι φαμέν, ἀλλ' ὅταν, ὡς οἱ πεττόμενοι πυροί, κατὰ ποιότητα
τὴν μεταβολὴν σχῇ. καθάπερ δ' ἐπὶ τῶν ἄρτων εἰς τὴν οἰκείαν ἡμῖν τοῖς ἐσθίουσιν
ἀχθῆναι χρὴ ποιότητα τὸν πεττόμενον σῖτον, οὕτω κατὰ τὴν κοιλίαν ἔτι καὶ μᾶλλον εἰς
οἰκειοτέραν, ὀνομάζω δ' οἰκειοτέραν ἑτέραν ἑτέρας κατὰ τὴν ὁμοιότητα τοῦ μέλλοντος
119 ἐξ αὐτῆς τρέφεσθαι σώματος. ἄλλο γὰρ ἄλλῳ σώματι τῶν τρεφόντων οἰκεῖόν ἐστι | καὶ
10 διὰ τοῦτο τὰ ζῷα πρὸς τὰς οἰκείας ἔρχονται τροφὰς ἀδιδάκτως ὑπὸ τῆς φύσεως ὠθού-
μενα, τὰ μὲν ὑποζύγια πρός τε τὰς βοτάνας καὶ ἄχυρα καὶ χιλὴν καὶ κριθήν, οἱ λέον-
τες δὲ πρὸς τὰς σάρκας, ὥσπερ καὶ παρδάλεις καὶ λύκοι. καθάπερ οὖν ἐν τοῖς ζῴοις
κατὰ γένος οὐ σμικρὰ διαφορὰ τῶν οἰκείων ἑκάστῳ τροφῶν ἐστιν, οὕτω καὶ κατ' εἶδος
ἐν τοῖς γένεσιν εὑρίσκονται διαφοραὶ μεγάλαι τῶν μὲν μηδὲ γεύσασθαι δυναμένων
15 οἴνου, πάμπολυ δ' ἑτέρων ἀλύπως πινόντων καὶ τῶν μέν, ὡς εἴρηται, τά τε τῶν βοῶν
καὶ τράγων καὶ κριῶν κρέα μεθ' ἡδονῆς μὲν ἐσθιόντων, πεττόντων δ' ἀλύπως, τῶν δὲ
μηδὲ τὴν ὀσμὴν αὐτῶν ὑπομενόντων, μήτι γε τὴν ἐδωδὴν καὶ εἰ δι' ἀπορίαν ἐδέσματος
ἑτέρου, καθάπερ ἐν λιμῷ γίνεται, βιάσαιντο σφᾶς αὐτοὺς προσάρασθαι τὸ τοιοῦτον
κρέας, οὔτε πέψαι δυναμένων αὐτὸ χωρὶς βλάβης ἀνατρεπομένων τε τὴν ὄρεξιν ἐπὶ
20 τῇ προσφορᾷ βαρυνομένων τε παραχρῆμα κἂν ἐρυγή τις αὐτοῖς ἐπιγένηται, μηδὲ ταύτης
ἀλύπως ἀνεχομένων. ὅτι δὲ ταῦθ' οὕτως ἔχοντα φαίνεται, πρῶτον μὲν ἐκείνου χρὴ
120 μεμνῆσθαι, τοῦ προσφέρεσθαι τοὺς ἀνθρώπους ἥδιον ἄλλον ἄλλο κατὰ τὴν οἰκειό|τητα
τῆς φύσεως ἔρχεσθαί τε πρὸς τὴν τῶν τοιούτων ἐδωδὴν μᾶλλον, ὥσπερ γε καὶ πρὸς τὴν
τῶν εὐπέπτων αὐτοῖς εἶναι φανέντων, ἀποστρέφεσθαι δὲ καὶ φεύγειν ἀπὸ τῶν ἀηδῶν
25 καὶ δυσπέπτων, ὥστε σημεῖον εἶναι τὸ ἔθος οἰκειότητος φυσικῆς. ὅτι δὲ καὶ αἰτία γί-
νεται πολλάκις, δῆλον ἐκ τῶν ἐν ἀρχῇ μὲν ἀηδῶς ἢ βλαβερῶς ὑπό τινων διατιθεμένων,

---

2 post μαλάξωσιν D suspicatur excidisse verba καὶ ἄρτους ποιήσωνται deceptus eo quod
Gadaldinus inseruit: „et panes effecerint" — 4 καταθραυστῇ F — 7 οὕτω κατὰ nos; οὕτω καὶ κατὰ
F D, ita in ventre CVJ ita et in v. M — 11 βοτάνας καὶ ἄχυρα nos, ad herbas, paleam CMVJ;
βοτάνας τρέφεταί τε ἄχυρα F D — 16 τῶν δὲ, non τῶνδε, ut D notavit, F — 17 καὶ εἰ δι' ἀπορίαν
coniecit D, et si propter inopiam (inopias J) CMVJ; καὶ εἰς διαπορίαν F — 18 βιάσαιντο nos;
βιασθέντες F et D; idem coniec.: βιασθεῖεν — 19 αὐτὸ nos, nec digerere potentibus eas (sc. carnes);
αὐτὰ D F — 21 ὅτι δὲ D; ὅτι τε F — ἔχοντα nos; ἔχειν F D — 25 καὶ αἰτία nos; καὶ ὡς αἰτία
(et ut causa) FCMVJD —

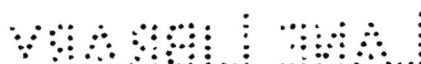

εἰ δὲ κατὰ βραχὺ τὴν πρὸς αὐτὰ συνήθειαν ὑπομείναιεν, οὔτ' ἀηδῶς οὔτε βλαβερῶς ἔτι διατιθεμένων. ἡ δ' αἰτία καὶ τοῦδε τοιαύτη τις ἐστίν· ὥσπερ ἀλλοιοῦται κατὰ ποιότητα τῶν ἐσθιομένων τε καὶ πινομένων ἕκαστον, οὕτω καὶ αὐτὸ διατίθησί πως τὸ ἀλλοιοῦν. ἔνεστι δὲ καὶ τούτου λαβεῖν ἐναργὲς τεκμήριον ἐκ τῆς τῶν γεννωμένων χυμῶν διαφορᾶς ὑφ' ἑκάστου τῶν ἐδεσμάτων· τὰ μὲν γὰρ μελαγχολικὸν αἷμα γεννᾷ, τὰ δὲ φλεγματικὸν 5 ἢ τὴν ὠχράν τε καὶ ξανθὴν ὀνομαζομένην χολὴν οὐκ ὀλίγην ἔχον, ὥσπερ ἔνια καθαρὸν αἷμα· διαφορὰν οὖν τινα καὶ τοῖς τρεφομένοις μορίοις ἀναγκαῖον γίνεσθαι πρὸς ἄλληλα κατὰ τὴν τοῦ τρέφοντος αἵματος ἰδέαν. ἐναργὲς | δὲ τεκμήριον τῆς τῶν τρεφομένων 121 ὁμοιώσεως πρὸς τὸ τρέφον ἡ τῶν φυτῶν τε καὶ σπερμάτων μεταβολὴ μέχρι τοσούτου γινομένη πολλάκις, ὡς τὸ βλαβερώτατον ἐν ἑτέρᾳ γῇ μεταφυτευθὲν εἰς ἑτέραν γῆν οὐ 10 μόνον ἀβλαβὲς ἀλλὰ καὶ χρήσιμον γίνεσθαι. πολλὴ γὰρ καὶ ἡ τούτων πεῖρα τοῖς τὰ γεωργικά τε καὶ περὶ φυτῶν ὑπομνήματα συνθεῖσι, καθάπερ γε καὶ τοῖς περὶ τῆς τῶν ζῴων ἱστορίας γράψασι τῆς κατὰ τὰ χωρία γινομένης μεταβολῆς. ἐπεὶ τοίνυν οὐ μόνον ἀλλοιοῦται τὸ τρέφον ὑπὸ τοῦ τρεφομένου, ἀλλὰ καὶ αὐτό πως τιν' ἀλλοιοῖ βραχεῖαν ἀλλοίωσιν, ἀναγκαῖόν ἐστι τὴν βραχεῖαν ταύτην ἀξιόλογον ἐν τῷ χρόνῳ γίνεσθαι, ὥστ' 15 εἰς ἴσον ἥκειν οἰκειότητι φυσικῇ τὴν ἐκ τῶν πολυχρονίων ἐθῶν.

Ἐπὶ μὲν οὖν τῶν ἐσθιομένων τε καὶ πινομένων εὑρῆσθαί μοι δοκῶ τὴν αἰτίαν τῆς τῶν ἐθῶν δυνάμεως, ἐπὶ δὲ τῶν ἔξωθεν ἡμῖν προσπιπτόντων ἴδωμεν ἐφεξῆς. ἔοικε γὰρ καὶ ταῦτα τὴν αὐτὴν κατὰ γένος ἔχειν αἰτίαν τοῖς προειρημένοις. ἀλλοίωσιν οὖν | τιν' 122 ἐργάζεται κατὰ τὸ σῶμα μάλιστα μὲν τῶν ἐπιπολῆς μορίων, ἤδη δὲ καὶ τῶν διὰ βάθους. 20 πιλεῖται μὲν γὰρ καὶ συνάγεται καὶ σφίγγεται καὶ πυκνοῦται τὸ δέρμα πρῶτον μὲν ὑπὸ τῶν ψυχόντων, ἐφεξῆς δὲ καὶ τὰ τούτῳ συνεχῆ κἂν ἐν χρόνῳ πλείονι τὴν αὐτὴν ἀλλοίωσιν πάσχῃ τὸ σῶμα, καὶ τοῖς διὰ βάθους ἡ κοινωνία τῆς μεταβολῆς γίνεται.

---

2 τοιαύτη τις nos, talis quaedam CJV (quaedam om. M); τις om. F D — ante ὥσπερ tamquam index novi capitis: διὰ τί τὸ ἔθος ποτὲ καὶ αἴτιον γίνεται οἰκειότητος φυσικῆς F — κατὰ ποιότητα nos, secundum qualitatem CMVJ; κατά τινα ποιότητα F D — 3 αὐτὸ D; αὐτῷ F — τὸ ἀλλοιοῦν D, ita et id disponit aliqualiter illud quod alterat (alteratur C) CMVJ; τῷ ἀ. F — 6 ἔχον D; ἔχων F — 7 αἵμα, non, ut D legit, θαῖμα F — 8 τῶν τρεφομένων nos; τῶν τρεφόντων F D — 9 ὁμοιώσεως D; ὁμοίως F — τρέφον F; τρεφόμενον D, evidens autem argumentum nutrientium ad nutritum assimilationis CM (ass. ad n.) VJ — τῇ — μεταβολῇ — γιγνομένῃ D — 12 καὶ τοῖς nos, et ipsis qui de animalium historia (— iis J) scripserunt CMVJ; καὶ τὰ F D — 13 τῆς .. μεταβολῆς nos, eius quae secundum regiones fit transmutationis CMVJ; τῇ — γινομένῃ μεταβολῇ F D — 17 εὑρῆσθαι nos, inventa mihi esse videtur causa CMVJ; εὐπορεῖσθαι F D — 18 ante ἔοικε γὰρ tamquam index novi capitis: περὶ τῆς αἰτίας τοῦ πολὺ δύνασθαι τὸ ἔθος ἐπὶ τοῖς ἔξωθεν ἡμῖν προσπίπτουσιν (προσπιπτόντων D) F — 22 τούτῳ D, huic CMVJ; τούτων F — 23 βάθους D; βάθος F —

κατ᾿ ἀρχὰς δ᾿ εὐθέως κατὰ συμβεβηκός, οὐ πρώτως, ὑπὸ τοῦ δρῶντος αἰτίου μεταβολὴ
καὶ ἀλλοίωσις οὐχ ἥκιστα τοῖς ἐν τῷ βάθει κειμένοις συμπίπτει· πυκνωθέντος γὰρ τοῦ
δέρματος ἀθροίζεται κατὰ τὸ τοῦ σώματος ὅλον βάθος ἡ θερμασία. ὥσπερ δὲ τὸ
ψῦχον αἴτιον τὰς εἰρημένας ἀλλοιώσεις ἐργάζεται, κατὰ τὸν αὐτὸν λόγον τὰς ἐναντίας
5 αὐτῷ τὸ θερμαῖνον. καὶ γὰρ φύσιν ἔχει πρὸς τῶν ἐναντίων γίνεσθαι τὰ ἐναντία, τὰ
μὲν πρώτως, τὰ δὲ κατὰ συμβεβηκός, ἐφ᾿ ὧν δὴ καὶ μάλιστα σφάλλονται πολλοὶ θεώ-
μενοί τινα κατὰ συμβεβηκὸς ὡσαύτως ἐπιτελούμενα πρὸς τῶν ἐναντίων, ὥσπερ γε πά-
λιν καὶ ἐναντία πολλάκις ὑπὸ τῶν αὐτῶν αἰτίων γινόμενα. ἀμέλει κἀπὶ τῶν θερμαι-
νόντων ὁμοίως ἀπατᾶσθαι συμβαίνει. τὸ γοῦν θερμὸν αἴτιον, οἷον ὁ ἥλιος, ὁπόταν
123 10 ὁμιλήσῃ τινὶ σώματι πολυχρονίως, ἐναντίαν διάθεσιν τῇ κατ᾿ | ἀρχὰς ἐργάζεται περὶ
αὐτό. ἐν ἀρχῇ μὲν γὰρ ἀλεαίνων ἡμᾶς διαχεῖ μὲν τὰ ὑγρά, χαλᾷ δὲ τὸ δέρμα καὶ μα-
λακωτέρας ἐργάζεται τὰς σάρκας· εἰ δὲ πλέοσιν ἡμέραις ὥρᾳ θέρους ἐν αὐτῷ διατρίψειέ
τις γυμνός, αὐχμηρὸν μὲν καὶ σκληρὸν τούτῳ γίνεται τὸ δέρμα, ξηραὶ δ᾿ αἱ σάρκες.
ἀλλ᾿ ἐπὶ μὲν τῶν τοιούτων οὐ μόνης τῆς πολυχρονίου θερμασίας τοὐργον ἀλλὰ καὶ τῆς
15 ἐζευγμένης αὐτῇ ξηρότητος. καὶ πολλάκις γ᾿ ἡμᾶς ἐν τοῖς περὶ τῶν αἰτίων λογισμοῖς
σφάλλει τοῦτο παρορωμένης τῆς ἐπιπλεκομένης αἰτίας. ἐχρῆν γὰρ ἡμᾶς ἐννοεῖν ἕτερον
μέν τι δρᾶν τὴν ὑγρὰν θερμασίαν, ἕτερον δὲ τὴν ξηράν, ὅπερ οὐ ποιοῦμεν ἐνίοτε καὶ
διὰ τοῦτο σφαλλόμεθα τὴν οἰκείαν ἐνέργειαν ἑκατέρων τῶν αἰτίων παρορῶντες· εἰ δὲ
τις προσέχοι τὸν νοῦν, εἴσεται φυλαττομένην ἑκατέραν. ὥσπερ γὰρ ἡ μὲν ὑγρότης
20 μόνη χωρὶς θερμότητος ἢ ψύξεως ἐπιφανοῦς ὑγραίνει τὸ σῶμα, τῆς θερμότητος θερ-
μαινούσης, οὕτως ἡ σύνοδος ἀμφοτέρων ἀμφότερα φαίνεται δρῶσα. κατὰ μὲν οὖν τὰ
τῶν γλυκέων ὑδάτων λουτρὰ συμβαίνει τοῦτο, κατὰ δὲ τὰ εἰληθερῆ τὸ ξηραῖνον αἴτιον
124 ἐπιπλέκεται τῷ θερμαίνοντι. τοι|οῦτος γὰρ ὁ θερινὸς ἥλιος, ὥστ᾿ εἰκός, ὅσοι γυμνοὶ
τὸ πλεῖστον ἐν αὐτῷ διατρίβουσιν, ὥσπερ οἵ τε θερισταὶ καὶ οἱ ναῦται, σκληρὸν καὶ
25 ξηρὸν αὐτῶν γίνεσθαι τὸ δέρμα παραπλησίως τῷ τῶν φολιδωτῶν ζῴων. ὥσπερ οὖν αἱ

---

3 τὸ ψῦχον coniec. D, infrigidans causa CMVJ; τὸ ψυχρὸν F — 6 τὰ δὲ κατὰ συμβεβηκός etc., illa vero secundum accidens effecta a contrariantibus CMVJ (desunt verba translata ἐφ᾿ ὧν — κατὰ συμβεβηκός) — 8 αἰτίων D; αἴτια F — 10 πολυχρονίως D; πολυχρονίας F — 17 ποιοῦμεν D; ποιοῦμαι F — 18 παρορῶντες nos, fallimur proprium actum uniuscuiusque causarum praetervidentes CMV (praetermittentes J); παρόντων F et D, qui adnotat: „Vertas: fallimur de propria actione, utraque causa quum praesens adsit" (!) — 21 κατὰ μὲν οὖν nos, igitur quidem secundum CMJ; οὖν om. F D — 22 τὰς εἰληθερεῖς corr. ead. man. in τὰ εἰληθερῆ F, secundum vero solis aestuationes CMVJ — 25 φολιδωτῶν: folidotorum MV solidorum CJ; non Nic. Rheg., ut D putat, sed Gadaldinus: animalium, quae in latibulis degunt —

— 15 —

φυσικαὶ τῶν σωμάτων ἰδιότητές τε καὶ τῆς ὅλης οὐσίας διαφοραί τε τοῦ δέρματος κατὰ
σκληρότητα καὶ μαλακότητα πυκνότητά τε καὶ μανότητα διαφόρων μὲν ἐδεσμάτων τε
καὶ πομάτων χρῄζουσιν, οὐχ ὁμοίως δ᾽ ἀλλήλαις ἅπασαι διατίθενται θερμαινόμεναί τε
καὶ ψυχόμεναι, οὕτως αἱ δι᾽ ἔθος γινόμεναι ταῖς φυσικαῖς παραπλήσιαι τὴν αὐτὴν
ἐκείναις ἴσχουσιν ὠφέλειάν τε καὶ βλάβην ἐκ τῆς τῶν ἐσθιομένων τε καὶ πινομένων 5
ψυχόντων τε καὶ θερμαινόντων ἀλλοιάσεως. ἀραιὸν μὲν γὰρ καὶ μαλακὸν σῶμα ῥᾳδίως
πάσχει θερμαινόμενόν τε καὶ ψυχόμενον· πυκνὸν δὲ καὶ σκληρὸν ἀνέχεταί τε καὶ κατα-
φρονεῖ τῶν ἔξωθεν αὐτῷ προσπιπτόντων ἁπάντων, οὐ μόνον εἰ θερμαίνοιεν ἢ ψύχοιεν,
ἀλλ᾽ εἰ καὶ σκληρὸν εἴη τι καὶ τραχύ. διὸ καὶ χαμευνίας ἀνέχεται ταῦτα, τῶν ἐναν-
τίως διακειμένων οὐ φερόντων αὐτάς· καὶ γὰρ θλᾶται ῥᾳδίας καὶ ψύχεται καὶ πᾶν 10
ὁτιοῦν ἑτοίμως πάσχει.

Τοιοῦτος μὲν δή τις ἐστὶ καὶ ὁ περὶ τούτων λόγος, | ὁ δὲ περὶ τῶν γυμνασίων 125
τοιόσδε. τὰ γυμναζόμενα μόρια τοῦ σώματος ἰσχυρότερά θ᾽ ἅμα καὶ τυλωδέστερα γί-
νεται καὶ κατὰ τοῦτο δύναται φέρειν τὰς οἰκείας κινήσεις μᾶλλον ἑτέρων, ὅσα δι᾽
ἀγυμνασίαν μαλακώτερ᾽ ἐστὶ καὶ ἀσθενέστερα. κοινὸς δ᾽ ὁ λόγος οὗτος ὑπάρχει καὶ 15
περὶ τῶν τῆς ψυχῆς γυμνασίων· γυμναζόμεθα γὰρ πρῶτα μὲν ἐπὶ τοῖς γραμματικοῖς
ἔτι παῖδες ὄντες, εἶθ᾽ ἑξῆς παρά τε τοῖς ῥητορικοῖς διδασκάλοις ἀριθμητικοῖς τε καὶ
λογιστικοῖς καὶ γεωμετρικοῖς. οὐσῶν γὰρ δυνάμεων κατὰ τὸ τῆς ψυχῆς ἡγεμονικὸν εἰς
ἁπάσας τέχνας ἀναγκαῖον ἑτέραν μὲν εἶναι, καθ᾽ ἣν ἀκόλουθόν τε καὶ μαχόμενον
γνωρίζομεν, ἑτέραν δέ, καθ᾽ ἣν μεμνήμεθα· συνετώτεροι μὲν κατὰ τὴν πρότερον εἰρη- 20
μένην, μνημονευτικώτεροι δὲ κατὰ τὴν δευτέραν γινόμεθα φύσιν ἐχουσῶν ἁπασῶν τῶν
δυνάμεων ὑπὸ μὲν τῶν γυμνασίων αὐξάνεσθαί τε καὶ ῥώννυσθαι, βλάπτεσθαι δ᾽ ὑπὸ
τῆς ἀργίας, ὥς που καὶ Πλάτων ἐν Τιμαίῳ κατὰ τήνδε τὴν ῥῆσιν ἐδήλωσεν αὐτοῖς
ὀνόμασιν εἰπὼν ὧδε· „καθάπερ εἴπομεν πολλάκις, ὅτι τρία ψυχῆς ἐν ἡμῖν εἴδη κατῴ-
κισται, τυγχάνει δ᾽ ἕκαστον κινήσεις ἔχον, οὕτω κατὰ τὰ αὐτὰ καὶ νῦν ὡς διὰ βραχυ- 25

---

4 δι᾽ ἔθος γινόμεναι nos, quae propter assuetudinem fiunt CMVJ; δι᾽ ἔθος τε? γ. F, δι᾽ ἔθ.
τι γ. D — παραπλήσιαι D, naturalibus proximae CMVJ; παραπλησίαν F — 8 θερμάνειεν — ψύχειεν
F — 10 αὐτάς nos, non tolerantibus eas (sc. imas cubationes) CMVJ; αὐτά F D — 12 ante ὁ δὲ
tamquam index novi capitis: Περὶ γυμνασίων F — περὶ τῶν γυμνασίων F; τῶν om. D — 17 ἀριθ-
μητικοῖς τε καὶ λογιστικοῖς καὶ γεωμετρικοῖς nos; ἀ. τε καὶ γεωμετρικοῖς καὶ λογιστικοῖς F D, arith-
meticisque et geometricis et rationabilibus (rationalibus J) CMVJ — 20 πρότερον nos, secundum
prius dictam CMVJ; προτέραν F D — 23 αὐτοῖς nos addidimus, ipsis nominibus J (om. CMV), om.
F D — 24 καθάπερ etc. Tim. p. 89 E, 90 A — 25 οὕτω καὶ κατὰ F, ita et nunc (ut J) per bre-
vissima dicendum CMVJ —

126 τάτων ῥητέον, | ὅτι τὸ μὲν αὐτῶν ἐν ἀργίᾳ διάγον καὶ τῶν ἑαυτοῦ κινήσεων ἡσυχίαν
ἄγον ἀσθενέστατον ἀνάγκη γίγνεσθαι, τὸ δ' ἐν γυμνασίοις ἐρρωμενέστατον· διὸ φυλακ-
τέον, ὅπως ἂν ἔχωσι τὰς κινήσεις πρὸς ἄλληλα συμμέτρους". ταῦτα προειπὼν ἐφεξῆς
φησι „τὸ δὲ δὴ περὶ τοῦ κυριωτάτου τοῦ παρ' ἡμῖν ψυχῆς εἴδους διανοεῖσθαι δεῖ τῇδε,
5 ὡς ἄρα αὐτὸ δαίμονα ὁ θεὸς ἑκάστῳ δέδωκε, τοῦτο ὃ δή φαμεν οἰκεῖν μὲν ἡμῶν ἐπ'
ἄκρῳ τῷ σώματι, πρὸς δὲ τὴν ἐν οὐρανῷ ξυγγένειαν ἀπὸ γῆς ἡμᾶς αἴρειν ὡς ὄντας
φυτὸν οὐκ ἔγγειον ἀλλ' οὐράνιον, ὀρθότατα λέγοντες· ἐκεῖθεν γὰρ ὅθεν ἡ πρώτη τῆς
ψυχῆς γένεσις ἔφυ, τὸ θεῖον τὴν κεφαλὴν καὶ ῥίζαν ἡμῶν ἀνακρεμαννύον ὀρθοῖ πᾶν
τὸ σῶμα. τῷ μὲν οὖν περὶ τὰς ἐπιθυμίας ἢ περὶ φιλονεικίας τετευτακότι καὶ ταῦτα
10 διαπονοῦντι σφόδρα πάντα τὰ δόγματα ἀνάγκη θνητὰ γεγονέναι καὶ παντάπασι καθ'
ὅσον μάλιστα δυνατὸν θνητῷ γίγνεσθαι, τούτου μηδὲ σμικρὸν ἐλλείπειν ἅτε τοσοῦτον
ηὐξηκότι· τῷ δὲ περὶ φιλομαθίας καὶ περὶ τὰς τῆς ἀληθείας φρονήσεις ἐσπουδακότι
127 καὶ ταῦτα μάλιστα τῶν αὐτοῦ γεγυμνα|σμένῳ φρονεῖν μὲν ἀθάνατα καὶ θεῖα, ἄνπερ
ἀληθείας ἐφάπτηται, πᾶσα ἀνάγκη που, καθ' ὅσον δ' αὖ μετασχεῖν ἀνθρωπίνῃ φύσει
15 ἀθανασίας ἐνδέχεται, τούτου μηδὲν μέρος ἀπολιπεῖν, ἅτε δὲ ἀεὶ θεραπεύοντα τὸ θεῖον
ἔχοντά τε αὐτὸν εὖ κεκοσμημένον τὸν δαίμονα ξύνοικον ἐν αὐτῷ διαφερόντως εὐδαίμονα
εἶναι. θεραπεία δὲ δὴ παντὶ παντὸς μία, τὰς οἰκείας ἑκάστῳ τροφὰς καὶ κινήσεις

---

2 διὸ φυλακτέον D; διαφυλακτέον F — 3 ἔχωσι τὰς κινήσεις F; τὰς om. D — πρὸς ἀλλήλας
F — 4 τὸ δὲ δὴ etc. Tim. p. 90 A; cf. Gal. de Plac. Hipp. et Plat. p. 502, 12 ed. meae — τοῦ
ante παρ' ἡμῖν om. F, legit Nic. Rheg. vertens: „de principalissima eius quae apud nos animae
specie (CMVJ) — 5 αὐτοδαίμονα F D, eam (sc. speciem) daimonem CMVJ — 7 λέγοντι F — αἱ
πρῶται-γενέσεις F, prima-generatio CMVJ — 8 ἀνακρεμαννύον nos, ἀνακρεμαννύων F; ἀνακρε-
μαννῦν D — 9 ἐπιθυμίας καὶ F D; voluptates vel CMVJ — τετευτακότι legit Nic. Rheg. vertens:
„circa lites conversatur" (CMVJ); τετυχηκότι F D — 10 σφόδρα πάντα etc.; Nic. Rheg. legisse
videtur σφαλερὰ πάντα τὰ δόγματα ἀνάγκη καὶ θνητὰ γεγονέναι; nam CMVJ haec praebent: „hys
intendenti (ταῦτα διαπονοῦντι) fallacia omnia dogmata necesse est et mortalia fieri" — θνητὸν
γεγονέναι F D — 11 ἅτε τοσοῦτον ηὐξηκότι etiam Nic. Rheg. legit vertens: „utpote tantum aucto"
— 12 τὰς τῆς ἀληθείας φρονήσεις F D; in codd. Lat. lectio Nicolai Rheg. obscurata praebentibus
„qui circa mentes dilectionis (delicationis M) disciplinae studet"; Gadaldinus: „qui circa amorem
disciplinarum ac veritatis sapientias studuerit" — 13 καὶ ταῦτα μάλιστα habet F, om. D — τῶν
αὐτῶν γεγυμνασμένων F — ἄπερ ἀληθῆ ἐφάπτηται F, si quidem veritati adhaeret CMVJ — 14 ἀνάγκη
πού μετασχεῖν καθ' ὅσον οὖν ἀνθρωπίνῃ φύσει ἀθανασίας ἐνδέχεται F; necesse omnino in quantum
contingit participare humanam naturam inmortalitate (— em J) CMVJ — 15 ἅτε δὴ F — 16 αὐτὸ
κεκοσμημένον F, habentem autem ipsum semper perornatum CMVJ — ἐν αὐτῷ F D — 17 θεραπεία
δὲ δὴ παντὸς σώματος μία F D, administratio vero omnis omni una CMVJ —

— 17 —

ἀποδιδόναι". ἐν τούτοις τοῖς λόγοις ὁ Πλάτων περὶ τῶν τριῶν τῆς ψυχῆς εἰδῶν ἐδίδαξεν ἡμᾶς οὐ μόνον εἰς φιλοσοφίαν τι χρήσιμον ἀλλὰ καὶ τὴν τοῦ σώματος ὑγίειαν ἀκολουθήσας Ἱπποκράτει κατὰ τοῦτο καθόλου μὲν εἰπόντι „χρῆσις κρατύνει, ἀργίη τήκει", κατ' εἶδος δ' ἐπὶ γυμνασίων αὖθις ἐν τῷ φάναι „πόνοι σιτίων ἡγείσθωσαν", ἐπὶ δὲ τῶν κατὰ μέρος εἰδῶν ἁπάντων „πόνοι, σιτία, ποτά, ὕπνοι, ἀφροδίσια, πάντα 5 μέτρια". διὸ κἀνταῦθα προσέχειν χρὴ τὸν νοῦν ἀκριβῶς τοῖς λεγομένοις· ἔχει γάρ τινα παρακοὴν ὁμοίως τοῖς ἄλλοις ἅπασι λόγοις, ἐάν τις ἀμελῶς ἀκούῃ, καθάπερ ἔνιοι. γυμνάζεσθαι γὰρ ἑκάστην τῶν δυνάμεων | ἀξιοῦμεν, οὐ δήπου χωρὶς ὅρων καὶ μέτρων 128 προσηκόντων ἐπὶ πλεῖστον ἐκτεταμένων τῶν γυμνασίων, ὡς καταλῦσαι τὴν δύναμιν· οὕτω δὲ καὶ σιτίοις καὶ ποτοῖς καὶ ὕπνοις καὶ ἀφροδισίοις ἐν τῷ προσήκοντι μέτρῳ 10 χρῆσθαι μήτ' ἐλλείποντι μήτε πλεονάζοντι. αἱ μὲν γὰρ ὑπερβολαὶ καταλύουσί γε τὰς δυνάμεις, τὸ δ' ἐλλιπὲς ἐν ἑκάστῳ κωλύει τοσοῦτον τῆς τελείας ὠφελείας, ὅσον αὐτὸ τῆς συμμετρίας ἀπολείπεται. παρήγγελτο τοῦτο καὶ ὑφ' Ἱπποκράτους ἐφ' ἑνὸς ὡς παραδείγματος, ἔνθα φησίν „ἐν πάσῃ κινήσει τοῦ σώματος ὅταν ἄρξηται πονέειν, τὸ διαναπαύειν εὐθὺς ἄκοπον". καὶ πως ὁ λόγος ἤδη κατὰ τὴν οἰκειότητα τῶν πραγμά- 15 των ἐδίδαξέ τι καὶ περὶ τῶν τῆς ψυχῆς ἐθῶν ἐν μνήμαις καὶ διαλογισμοῖς καὶ ζητήσεσι λογικαῖς, ὧν καὶ αὐτὸς ὁ Ἐρασίστρατος ἐμνημόνευσεν ἐν τῷ περὶ τῶν ἐθῶν λόγῳ μὴ προσθεὶς τὴν αἰτίαν καίτοι μὴ μόνον τοῦ Ἱπποκράτους ἀλλὰ καὶ τοῦ Πλάτωνος εἰρηκότων αὐτήν. τὸ γὰρ ἐν τοῖς οἰκείοις τε καὶ συμμέτροις γυμνασίοις ἑκάστην τῶν δυνάμεων ἐνεργεῖν εὐρωστίαν αὐταῖς ἀποτελεῖ. 20

---

3 καὶ κατὰ τοῦτο F D; καὶ delevimus nec legit Nic. Rheg. — χρῆσις — τήκει de offic. med. § 20 t. III p. 324 ed. Littré; χρῆσις nos, usus potentat CMVJ; Galen. XVIII B p. 879, 13; 880, 1. 2; κίνησις F D — 4 πόνοι — ἡγείσθωσαν Epidem. VI, 4, 23 t. V p. 314 L, t I p. 588 ed. Erm.; Galen. VI p. 369, 10 — 5 D miro errore inter ἁπάντων et πόνοι interpolavit προσέχειν χρὴ τὸν νοῦν ἀκριβῶς τοῖς λεγομένοις! — πόνοι — μέτρια Ep. VI, 6, 2 t. V p. 324 L, t. I p. 594 E; Galen. XVII B p. 323 seqq., VI p. 464, 12, I p. 28, 4 — πόνοι, σιτία, ποτά, ὕπνοι om. F, labores cibi potus CMVJ (omisso ὕπνοι); ὕπνοι om. D — 6 κἀνταῦθα nos, hic attendere oportet CMVJ; κἀντεῦθεν F D — 8 ἑκάστην τῶν δυνάμεων nos; ἕκαστον τῶν ὄντων F D, unumquodque (unumquemque M) eorum qui sunt CVJ (eorum qui sunt om. M) — οὐ D, non utique CMVJ; ὡς F — 11 γε D; τε F — 13 τοῦτο καὶ F, hoc et ab ypocrate CMVJ; om. D — 14 ἐν πάσῃ κινήσει — ἄκοπον Aphor. II 48 t IV p. 484 L, t. I p. 408 E — ἐν πάσῃ κινήσει τοῦ σώματος nos, in exercitiis omnibus CMVJ; ἐν τοῖσι γυμναστικοῖσιν F (ab his verbis incipit Aphor. I 3) — πονέειν nos, laborare CMVJ; Galen. XVII B p. 552 ad h. Aph.: „τὸ πονεῖν σημαίνει μὲν καὶ τὸ ἀλγεῖν, σημαίνει δὲ καὶ τὸ κάμνειν"; διαπονεῖν F D — 15 εὐθὺς F, εὐθὺ D — 16 περὶ τῶν τῆς ψυχῆς ἐθῶν nos, de animae assuetudinibus CMVJ; π. τῶν ἐκ τῆς ψ. ἐ. F D — 20 αὐταῖς nos; αὐτοῖς F D —

3

Αὗται μὲν οὖν εἰσιν αἱ διαφοραὶ τῶν ἐθῶν κατά τε τὴν τῶν ὑλῶν, ἐν αἷς συν-
ίστανται, καὶ τὴν τῶν αἰτίων, ὑφ' ὧν | γίνονται, δύναμιν. Ἐρασιστράτου δὲ καὶ τῶν
κενώσεων ἐπιζητητικὸν γίνεσθαι τὸ σῶμα φάντος, ἐπειδὰν ἐθισθῶσί τινες αὐταῖς, καὶ
περὶ τούτων ἐπισκεπτέον. ἴσμεν γάρ τινας ἐκ τῶν ῥινῶν αἱμορραγοῦντας ἤτοι κατὰ
περιόδους τινὰς ἰσοχρονίους ἢ ἀτάκτως ἢ δι' αἱμορροΐδων ἢ δι' ἐμέτων ἢ διαρροίαις ἢ
χολέραις κενουμένους, ἐνίοτε δ' ἑκουσίως ἀποχέοντας αἵματος ἢ διὰ φλεβοτομίας ἢ δι'
ἀμυχῶν τῶν ἐν σφυροῖς [ἢ διὰ ῥινός], ὥσπερ γε καὶ διὰ τῶν καθαιρόντων φαρμάκων,
ἐμετηρίων τε καὶ κατωτερικῶν· ὑπὲρ ὧν καὶ αὐτῶν ἐσκέφθαι τι χρήσιμον. ἐμοὶ γὰρ
οὐ δοκεῖ τὰ σώματα δι' ἔθος δεῖσθαι τῶν τοιούτων κενώσεων, ἀλλὰ δι' ἣν αἰτίαν τῆς
πρώτης ἐδεήθη κενώσεως ἤτοι τῆς φύσεως ἐργασαμένης αὐτὴν ἤ τινος ἀνθρώπου κατὰ
συλλογισμὸν ἰατρικόν, οὕτω καὶ αὖθις καὶ πολλάκις χρῄζειν τῶν αὐτῶν ἐπὶ τοῖς αὐτοῖς.
ἔνιοι μὲν γὰρ ἐπὶ μοχθηραῖς διαίταις, ἔνιοι δὲ διὰ κατασκευὴν μοχθηρὰν τοῦ σώματος
ἀθροίζοντες αἵματος πλῆθος ἢ κακοχυμίαν ὑπὸ τῶν εἰρημένων κενώσεων ὠφελοῦνται
τῆς φύσεως ἤ τινος ἰατροῦ τὸ περιττὸν ἀποχέοντος, πρὶν νοσῆσαι τὸν ἄνθρωπον.
ἐνίοις δὲ νοσήσασιν ἡ μὲν κρίσις ἐπὶ τοιαύταις ἐκκρίσεσι τοῦ νοσήματος ἴασις | ἐγένετο·
τινὲς δ' ὑπὸ τῶν ἰατρῶν ἐθεραπεύθησαν ὁμοίοις βοηθήμασι χρησαμένων, εἶθ' ὕστερον
ἁλόντες ὁμοίῳ νοσήματι θεραπευθέντες τε δι' αὐτῶν, ἐάν ποτε πάλιν αὐτοῖς ἤτοι που
τὸ τοῦ σώματος βάρος ἢ τῆς κεφαλῆς μόνης ἀνωμαλία τις ἢ καί τι τῶν παρὰ φύσιν
ἕτερον ἐπιφαίνηται, κοινοῦνται τοῖς ἰατροῖς περὶ αὐτῶν δεδιέναι φάσκοντες ἁλῶναι
τοῖς αὐτοῖς νοσήμασιν, οἷς ἔμπροσθεν ἑάλωσαν ἐπὶ προηγησαμένοις ὁμοίοις συμπτώ-
μασι, κἄπειτα φθάσαντες ἢ διὰ καθάρσεώς τινος ἢ δι' αἵματος ἀφαιρέσεως ἐκφυγεῖν
τὴν προσδοκηθεῖσαν νόσον ἑτοιμότερον ἐπὶ τὴν αὐτὴν ἀφικνοῦνται βοήθειαν, ὅταν
αἴσθωνταί τινος ὁμοίου συμπτώματος ὕστερόν ποτε συμπεσόντος αὐτοῖς. ἔνιοι δὲ καὶ
πρὶν αἰσθέσθαι τὴν προθεσμίαν ὑφορώμενοι τοῦ χρόνου, καθ' ὃν ἐν ὡρισμένῃ περιόδῳ
τῶν τοιούτων ἔπαθόν τι, κενοῦσθαι φθάνουσιν ὀνομάζουσί τε τὴν προφυλακτικὴν κένω-
σιν ἐν ἔθει γεγονέναι σφίσιν οὐδεμίαν ὑπαλλαγὴν τοῦ σώματος ἐκ τῶν τοιούτων κε-
νώσεων λαμβάνοντος, ὁποίαν ἐδείχθη λαμβάνον ἐπὶ τοῖς προειρημένοις, ἀλλ' ὑπὸ τῆς

---

1 κατά τε nos; κατά γε FD — 4 ἐκ τῶν ῥινῶν nos; ἔκ τε ῥ. FD — 5 διαρροίαις ἢ χολέραις κενουμένους nos; διαρροίας ἁλισκομένους F, διαρροίας ἢ χολέραις ἁλισκομένους D; vel dijariis vel coleris captos CMJV — 7 ἢ διὰ ῥινὸς FD; nos uncis inclusimus — 8 ἐμετηρίων D, αἱμετηρίων F — 15 ἐπὶ τοιαύταις ἐκκρίσεσι τοῦ νοσήματος ἴασις nos, in huiusmodi excretionibus aegritudinis sanatio CMVJ; ἔστι τοιαύτη ἔκκρισις, ἥ τε (ἡ δὲ D) τοῦ ν. ἴασις FD — 16 ὁμοίως corr ead. m in ὁμοίοις F — 21 ἐκφυγεῖν nos, effugere opinatam (exspectatam J) aegritudinem CMVJ; ἐφ' ὅλην τὴν προσδοκηθεῖσαν νόσον F, ἔσθ' ὅλην τ. π. ν. D —

αὐτῆς αἰτίας ταὐτὰ πάσχοντος. ἐὰν οὖν ὑπαλλάξωσι τὴν δίαιταν ἐλάττοσι μὲν ἐδέσμασι χρώμενοι, προστιθέντες δέ | τι τοῖς γυμνασίοις, ἄνοσοι διατελοῦσιν ἐκ τῆς τῶν ἐθῶν ὑπαλλαγῆς ὠφεληθέντες, οὐχ ὥσπερ οἱ πρόσθεν εἰρημένοι βλαβέντες· οὐ γὰρ ἔθους λόγῳ διὰ τῶν κενώσεων ὠφελεῖσθαι συνέβαινεν αὐτοῖς ἀλλ' ἐπὶ μοχθηρᾷ διαίτῃ κακοχυμίαν τε καὶ πλῆθος ἀθροίζουσιν.

---

2 προστιθέντες δέ τι nos; om. F Nic. Rh. (addentes autem exercitiis).

His rite praemissis hoc edicto pronuntiamus fasces academiae nostrae crastino die ad virum nobilissimum et summe venerandum

Dr. REINHOLDUM FRANK

THEOLOGIAE PROFESSOREM PUBLICUM ORDINARIUM

prorectorem suffragiis collegarum creatum, regis nostri augustissimi potentissimi clementia confirmatum translatum iri. Is eodem die hora matutina XI in aula academica munus suum oratione publica auspicabitur. Quam ut audiatis Vestraque frequentia his sollemnibus speciem et dignitatem addatis, Vos, collegae coniunctissimi, commilitones humanissimi, amici universitatis nostrae omnium ordinum ornatissimi, omni qua par est observantia invitamus.

Erlangae die III mensis Novembris a. MDCCCLXXIX.

Printed by Libri Plureos GmbH in Hamburg, Germany